Thomas Schmid

FÜNFE KOMMEN DURCH DIE HALBE WELT

Bibliografische Information der Deutschen Nationalbibliothek: Die Deutsche Nationalbibliothek verzeichnet diese Publikation in der Deutschen Nationalbibliografie; detaillierte bibliografische Daten sind im Internet über http://dnb.dnb.de abrufbar.

Verlag: BoD · Books on Demand GmbH, Überseering 33, 22297 Hamburg, bod@bod.de

Druck: Libri Plureos GmbH, Friedensallee 273, 22763 Hamburg

ISBN: 978-3-8391-7967-3

FÜNFE KOMMEN DURCH DIE HALBE WELT

Lyrisches Fingertheater für
Menschen jeden Alters

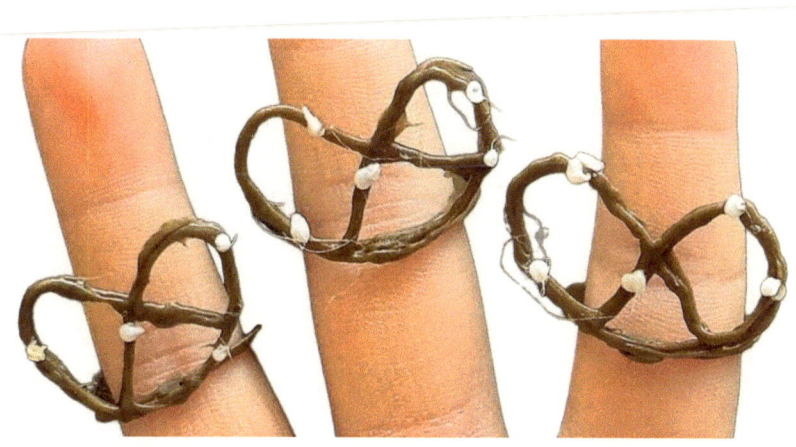

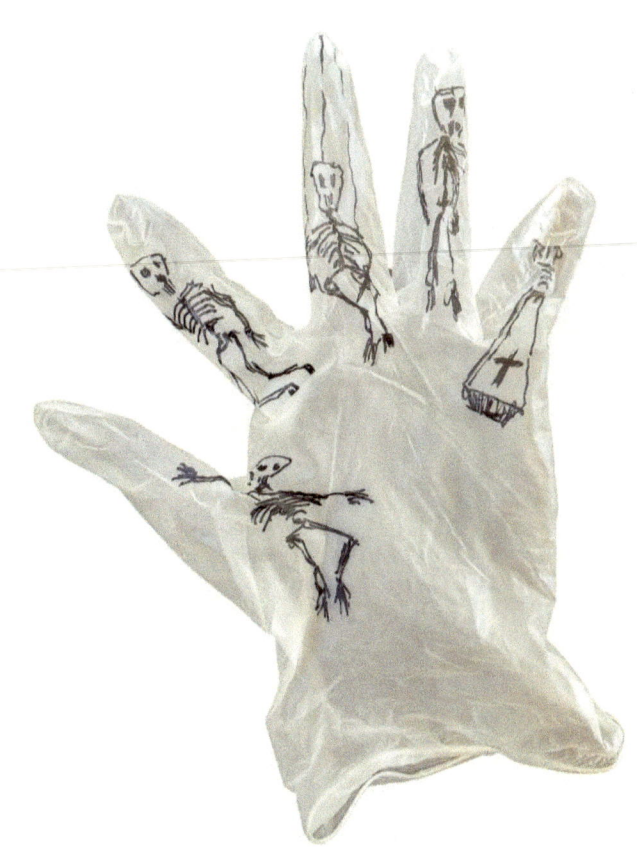

Fünf kleine Sprossen

Fünf kleine Sprossen
sprossen unverdrossen.

Die erste auf einer Leiter,
die zweite in einem Zaun,
die dritte fand
eine Sprossenwand,
die vierte nahm ein Bad
im Salat.
Die fünfte spross im Sommerlicht
auf deinem Gesicht.

Fünf Pudelmützen

Fünf Pudelmützen
wollen nicht mehr schwitzen.

Die erste vereist im Eisfach,
die zweite verreist zum Eisbach,
die dritte geht auf der Eisbahn verloren,
die vierte sucht in Gletscherspalten ihr Glück.
Die fünfte kommt aus der Arktis zurück
und wärmt - dir deine kalten Ohren.

Fünf Elefanten

Fünf Elefanten
besuchten ihre Tanten.

Der erste machte einen Knicks,
der zweite Zaubertricks,
der dritte rüsselte charmant,
der vierte küsselte die Hand.

Der fünfte Elefant,
warf Tassen an die Wand.

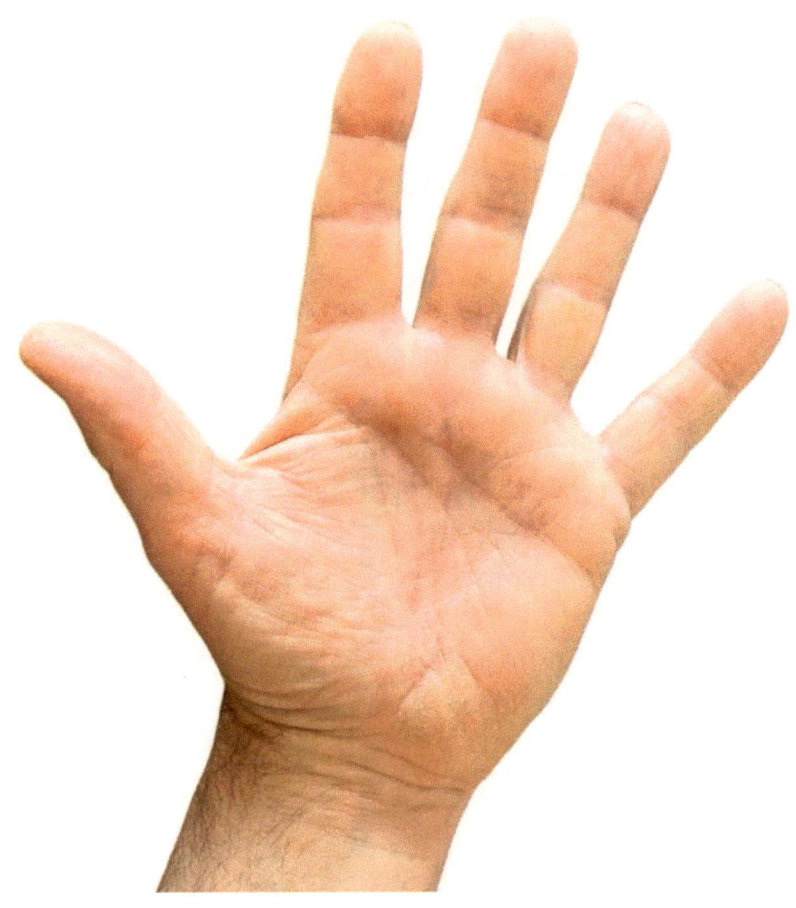

Fünf Bademeister

Fünf Bademeister
badeten im Kleister.

Der erste war ein Schleimer,
der zweite schwamm im Eimer,
der dritte schwamm im Kübel,
dem vierten wurde übel.
Der fünfte badete im letzten Rest
– und klebte fest.

Fünf Ganoven

Fünf Ganoven
saßen um den Ofen.

Der erste war ein Gauner,
der zweite war ein Räuber,
der dritte war ein Dieb,
der vierte war ein Gangster,
der fünfte, der war lieb.

Raum für Skizzen und Notizen

Fünf Stinkefüßchen

Fünf Stinkefüßchen
senden Stinkegrüßchen.

Das erste Füßchen stinkt zum Himmel,
das zweite riecht nach Schimmel,
das dritte stinkt wie Hölle,
das vierte hat schon Käsereife,
das fünfte stinkt nach Seife.

Fünf Ruderinnen

Fünf Ruderinnen
ruderten von hinnen.

Die erste ruderte – hurra! – nach Kanada,
die zweite verfolgte – ahoi! – einen Koi,
die dritte verschwand – oje! – im Bodensee,
die vierte paddelte – uff! – die Elbe hinuff,
die fünfte schlief – nanu? – in ihrem Traumkanu.

Fünf Holzfäller

Fünf Holzfäller
saßen um den Teller.

Der erste aß die Würste weg,
der zweite schnappte sich den Speck,
der dritte nahm das Hühnerbein,
der vierte aß den Rest allein,
der fünfte fand das sehr gemein
und schleckte rasch den Teller rein.

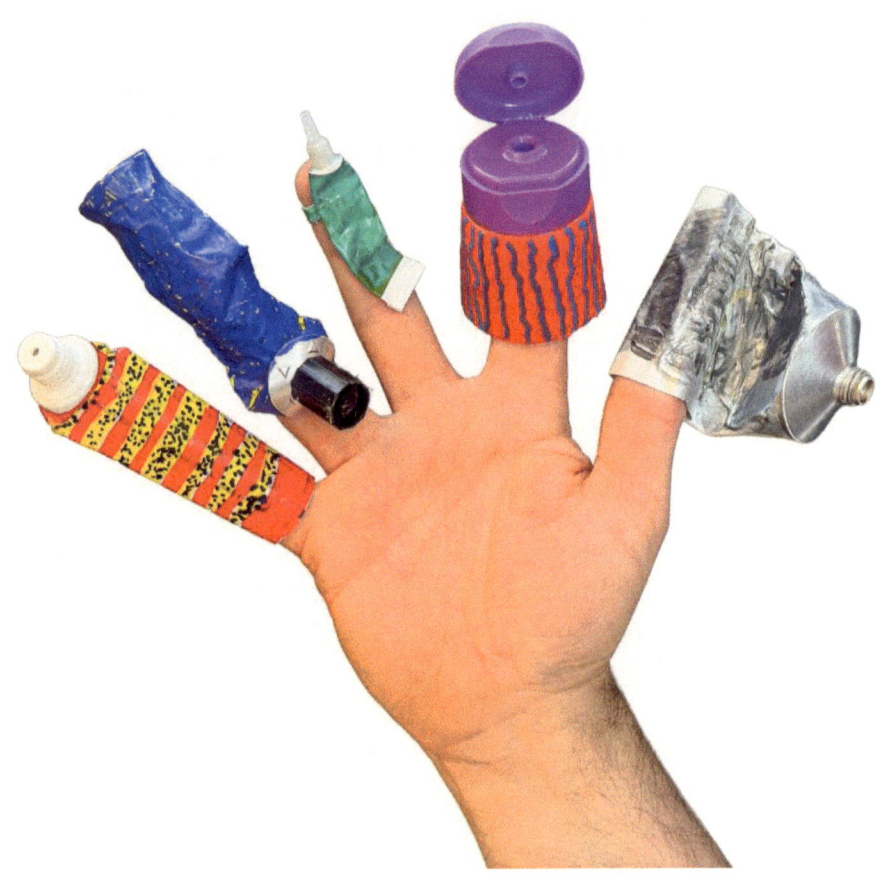

Fünf leere Tuben

Fünf leere Tuben
hocken gerne Stuben.

Die erste träumt von schamponierten Buben,
die zweite vom straffen Relaxen,
die dritte vom Schäumen und Klecksen,
die vierte vom Kosmetiksieger.

Die fünfte war ein Stubentiger.

Fünf Konditoren

Fünf Konditoren
hatten rote Ohren.

Dem ersten war der Ofen zu heiß,
dem zweiten war das Mehl zu weiß,
dem dritten war die Butter zu weich,
dem vierten war der Teig zu bleich.

Nur der fünfte, der lobte den Zuckerguss
und kriegte dafür einen Kuss.

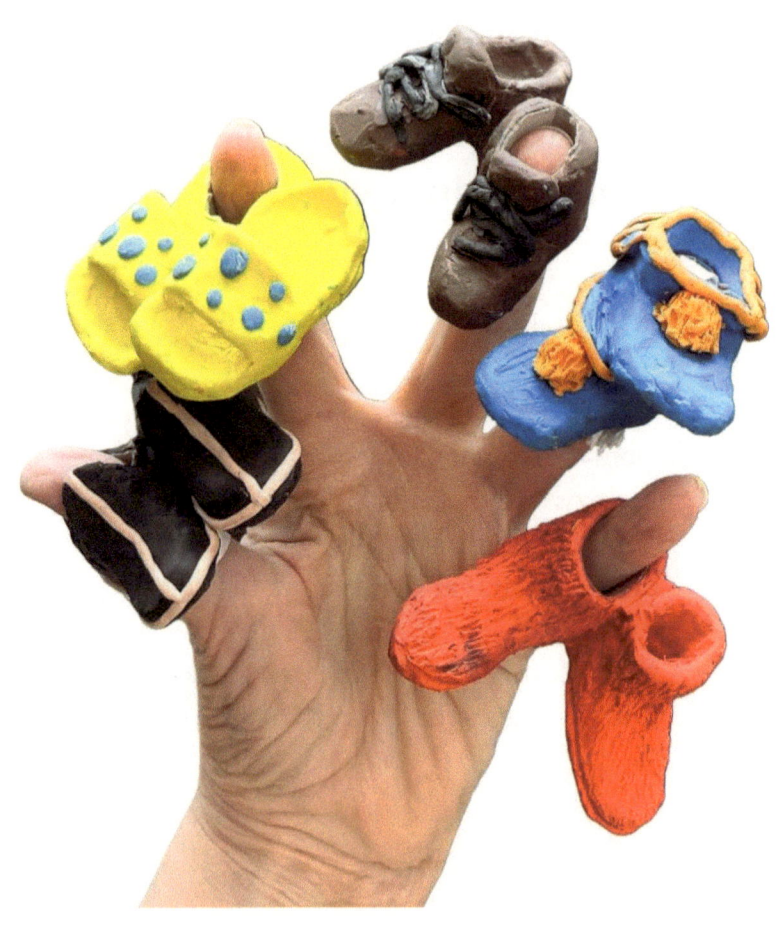

Fünf Paar Schuhe

Fünf Paar Schuhe
gaben keine Ruhe.

Das erste Paar spazierte,
das zweite balancierte,
das dritte marschierte,
das vierte Paar stolzierte.

Das fünfte hopste gar nicht fein
mitten in den Matsch hinein.

Fünf Karnivoren

Fünf Karnivoren
füllten fünf Amphoren.

Der erste füllte Thunfisch ein,
der zweite Rinderbrühe,
der dritte Hähnchenklein vom Hahn,
der vierte füllt'se
mit 'ner Schweinesülze.
Der fünfte, neuerdings vegan,
schleppte Nudeln an.

Fünf Piraten

Fünf Piraten gruben mit dem Spaten
ein tiefes Loch im Sand
vom Piratenstrand.

Die Kapitänin warf Perlen hinein,
die Steuerfrau einen Edelstein,
der Bootsmann silberne Ringe,
der Smutje 'ne goldene Klinge.

Der Schiffsjunge, der war noch sehr klein
– und warf seinen Schnuller hinein.

Fünf kleine Mopeds

Fünf kleine Mopeds
wollen nicht mehr tanken.

Das erste bleibt einfach liegen,
das zweite knattert in Gedanken,
das dritte träumt vom Motocross-Finale,
das vierte träumt vom Fliegen.
Das fünfte montiert sich geniale
 – Fahrradpedale!

Fünf alte Socken

Fünf alte Socken
woll'n die Bude rocken.

Die erste spielt den Müffelbass,
die zweite singt verwaschen,
die dritte zupft die Bündchen-Leier,
die vierte pfeift durch alle Maschen.

Die fünfte pfeift jedoch
aus dem letzten Loch.

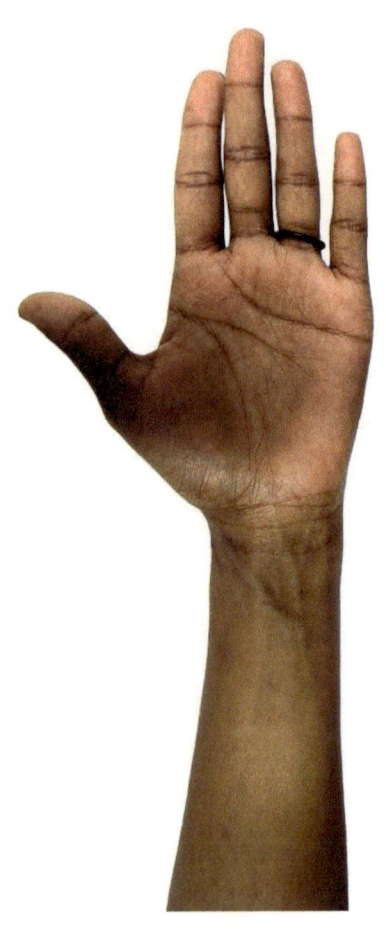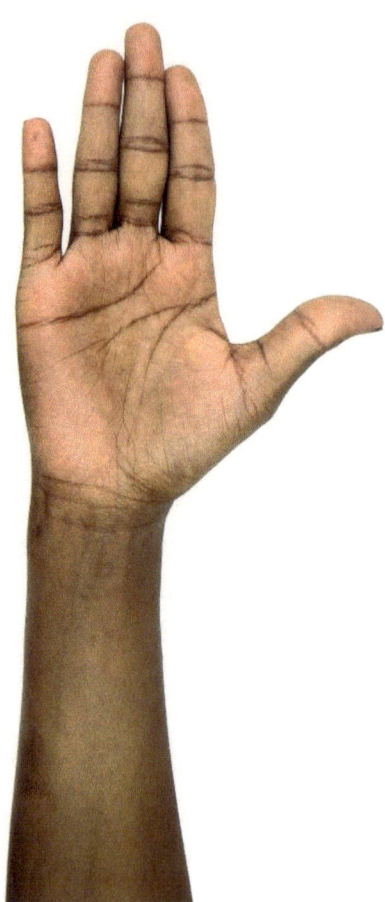

Fünf kleine Lichter

Fünf kleine Lichter
zogen lange Gesichter.

Das erste Licht erlosch im Wind,
das zweite verglomm fromm,
das dritte wurde ausgepustet,
das vierte ausgehustet.
Doch das kleinste kleine Licht allein
entfachte alle neu mit seinem Schein.

Fünf Dirigentinnen

Fünf Dirigentinnen
dirigieren wie von Sinnen.

Die erste dirigiert sehr unterkühlt,
die zweite nur im Rampenlicht,
die dritte bis der Taktstock bricht,
die vierte ist ganz aufgewühlt
von ihren eigenen Talenten.

Die fünfte aber dirigiert –
alle Dirigenten!

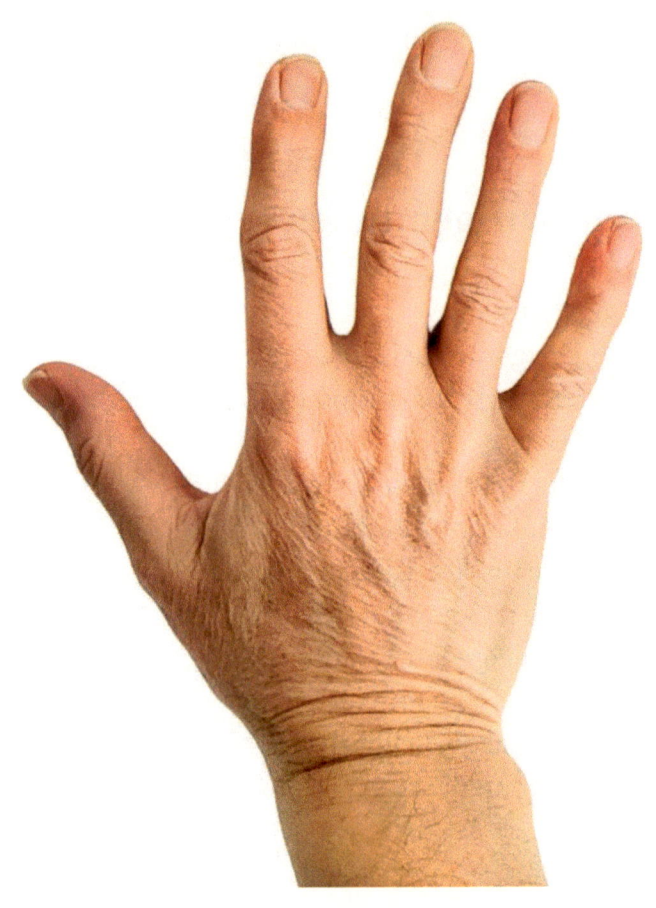

Fünf Krawuzi

Fünf Krawuzi
strickten sich Kapuzi.

Der erste mit Bommel aus Flanell,
der zweite mit Ohrenklappen,
der dritte was mit Lappen,
der vierte was mit Fell.
Aber der fünfte Krawuzi
strickte ein Kapuzi
so groß wie ein Zelt
für alle Krawuzi
auf dieser Welt!

Fünf Kraftprotze

Fünf Kraftprotze
hocken vor der Glotze.

Der erste will nur Grusel,
der zweite nackte Busel,
der dritte will nur Happyend,
der vierte Schwarzenegger.
Der fünfte zieht –
den Stecker.

Fünf Honigbienen

Fünf Honigbienen
wollen nicht mehr dienen.

Die erste lässt die Wabe leer,
die zweite fliegt ans Mittelmeer,
die dritte denkt nur noch an sich,
die vierte nur an Bienenstich.

Nur die fünfte hat noch die Güte
und fliegt zur nächsten Blüte.

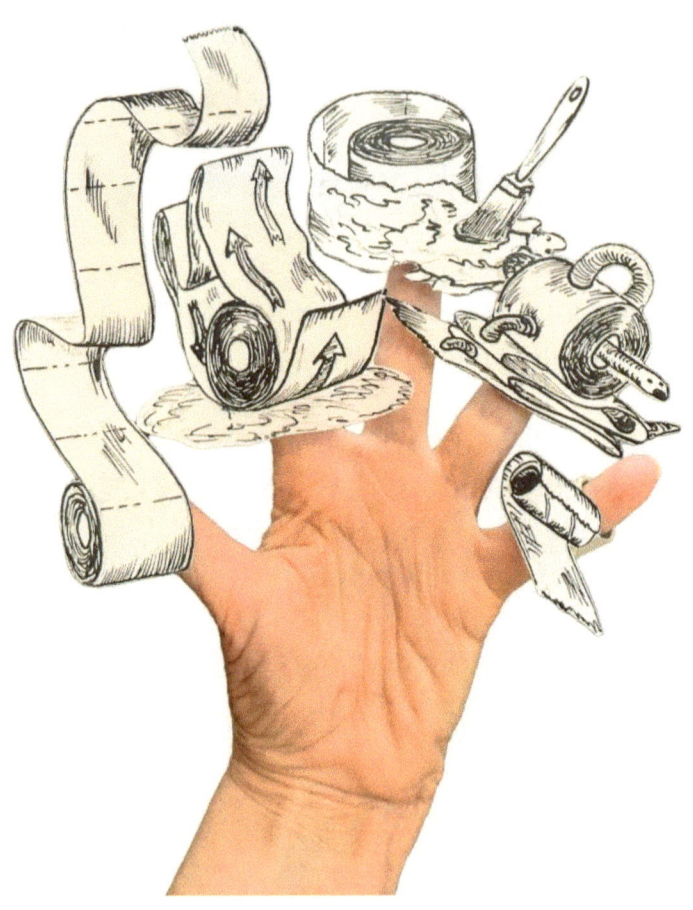

Fünf Rollen Klopapier

Fünf Rollen Klopapier
wollten nix wie weg von hier.

Die erste rollte sofort fort,
die zweite steckte fest im Schnee,
die dritte wurde Pappmaschee,
die vierte kompostierte.

Nur die fünfte fand
einen stillen Ort –
und verschwand.

Fünf Feuerwanzen

Fünf Feuerwanzen
wollten feuertanzen.

Die erste tanzt im Kerzenschein,
die zweite in den Ofen rein,
die dritte tanzt mit Luzifer,
die vierte tanzt schon lang nicht mehr.
Die fünfte geht zur Feuerwehr.

Fünf Bouletten

Fünf Bouletten
singen Operetten.

Die erste singt den Pfannen-Bass,
die zweite Schmor-Tenor,
die dritte singt im Brutzel-Alt,
die vierte Brat-Sopran.
Die fünfte aber springt so schnell sie kann
aus der Pfann
und singt – erst dann.

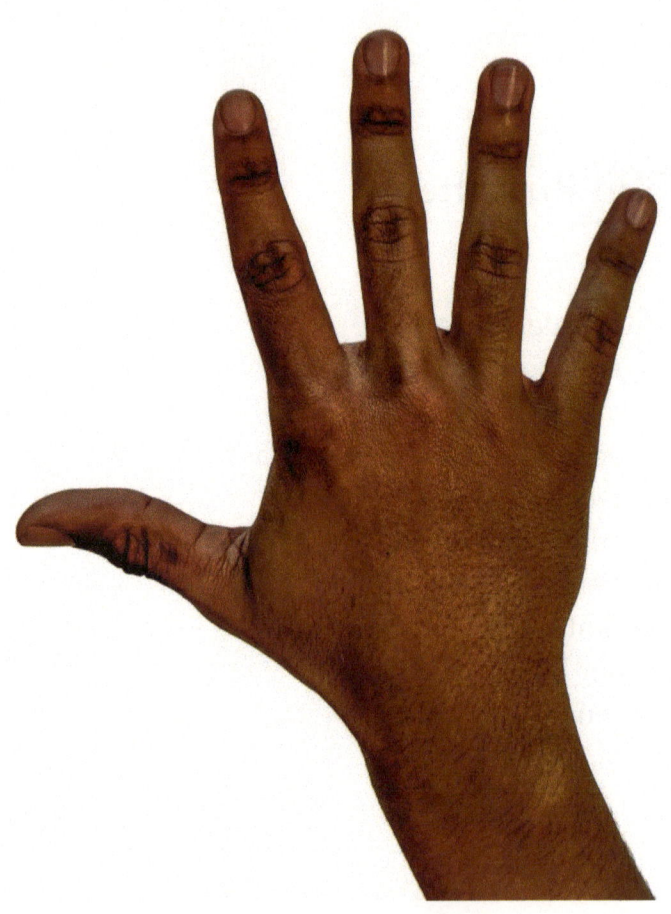

Fünf Propheten

Fünf Propheten
blasen auf Trompeten!

Der erste bläst: Du musst!
Der zweite bläst: Du sollst!
Der dritte bläst: Tabu, tabu!
Der vierte bläst: Das darfst du nie!
Der fünfte hört nicht zu,
spielt seine eigne Melodie.

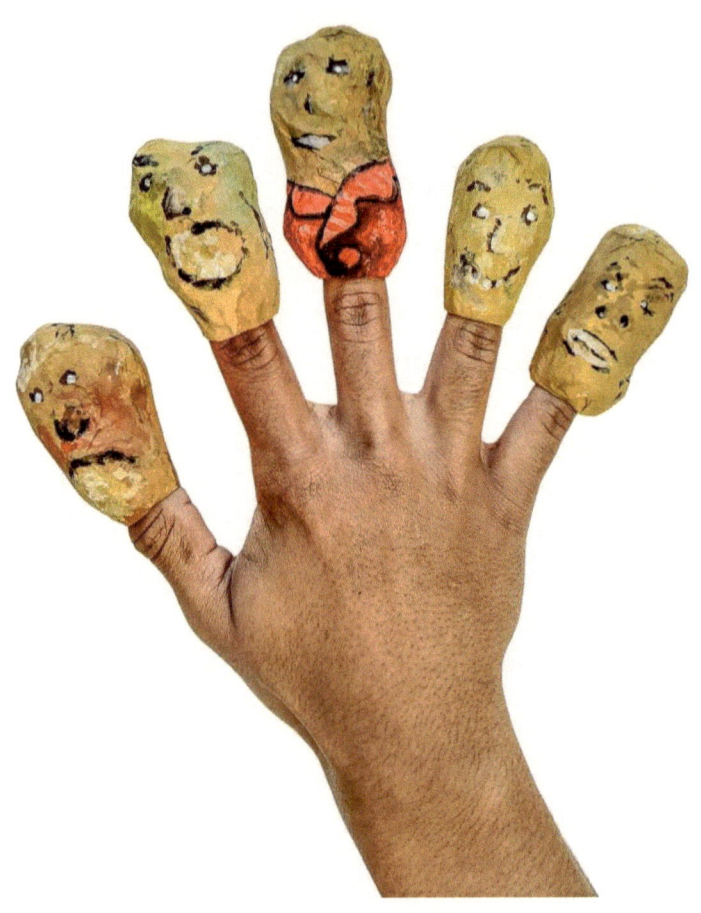

Fünf Kartoffelknollen

Fünf Kartoffelknollen
fingen an zu rollen.

Die erste aus dem Haus,
die zweite in den Wald hinaus,
die dritte rollte im Pyjama
auf den Fudschijama,
die vierte tief ins Meer,
die fünfte hinterher.
Jede rollte noch ein Stück –
keine kam je mehr zurück.

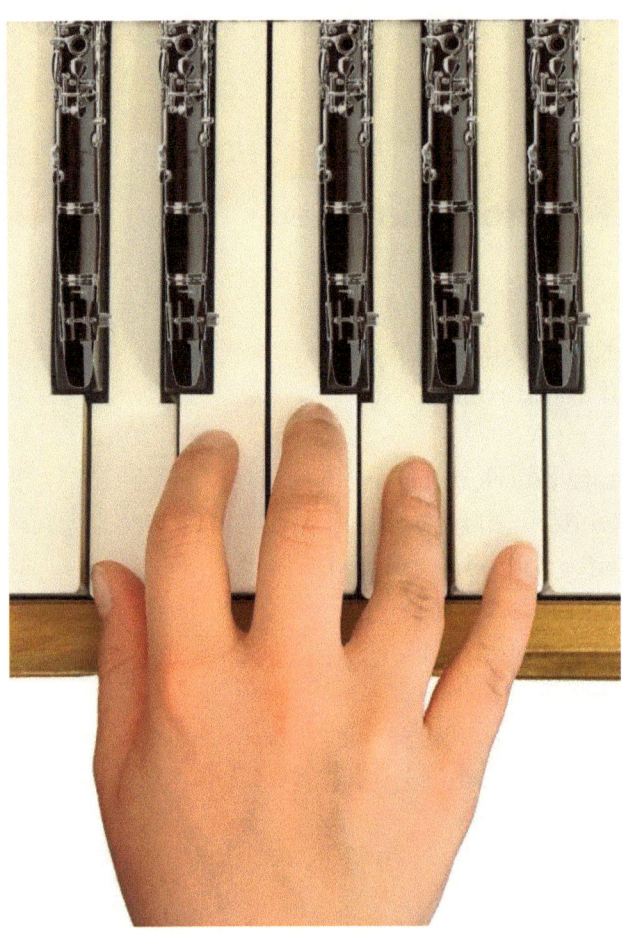

Fünf Klarinetten

Fünf Klarinetten
hopsen auf den Betten.

Die erste aggressiv,
die zweite nicht zu retten,
die dritte hopst sehr schief,
die vierte wie ein Floh.
Die fünfte, die versteckt sich
 – unter dem Plumeau.

Fünf gelbe Rüben

Fünf gelbe Rüben
wollten sich besiegen.

Die erste stemmte Gewichte,
die zweite schrieb Gedichte,
die dritte konnte Eisen biegen,
die vierte tauchte tief.

Die fünfte aber schlief.

Fünf coole Hexen

Fünf coole Hexen
wollten voll relaxen.

Die erste ging mit Salamandern wandern,
die zweite mit Ringelnattern schnattern,
die dritte ging mit Makrelen krakeelen,
die vierte mit Blindschleichen schleichen,
Die fünfte spielte Blinde Kuh
mit einem Kakadu.

Fünf Wasserrohre

Fünf Wasserrohre
machten einst Furore.

Das erste tropfte,
das zweite verstopfte,
das dritte klopfte,
im vierten floss das Wasser nie,
das fünfte hatte eine – Wasserallergie.

Fünf Teufelsrochen

Fünf Teufelsrochen
haben sich versprochen.

Der erste fuhr mit der Gleisenbahn,
der zweite reizte nicht mit seinen Geizen,
der dritte winkte mit'm Faulzahn,
und der vierte Rochen
hatte den Graten gebrochen.
Nur der fünfte weiß zu hundert Volt:
Seigen ist Schwilber, Reden ist Gold.

Fünf Zahnseiden

Fünf Zahnseiden
konnten sich gut leiden.

Die erste ging durch dick und dünn,
die zweite war besonders floss und schmal,
die dritte polierte die Falschen und Echten,
die vierte interdental.
Die fünfte konnte gut flechten.

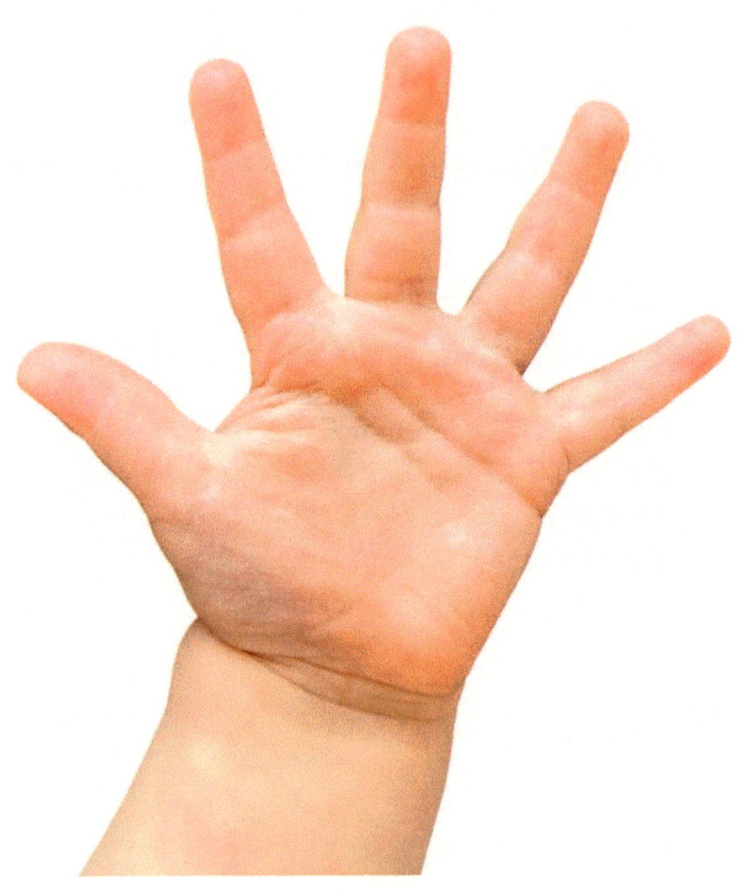

Fünf niedliche Häschen

Fünf niedliche Häschen
tranken aus Teetässchen.

Das erste sang im Kinderchor,
das zweite trug Gedichte vor,
das dritte machte einen Knicks,
das vierte traut sich immer nix.

Das fünfte Häschen
rülpste laut
 – und rümpfte selbst das Näschen.

Fünf Zootiere

Fünf Zootiere
singen wie Barbiere.

Löwe brüllt im Bariton,
Giraffe trifft den höchsten Ton,
Nashorn spielt das Xylophon.
Gibbon singt beim Lausen.

Seepferd singt die Pausen.

Fünf Pokale

Fünf Pokale
wollten ins Finale.

Der erste verlor um Längen,
der zweite, der blieb hängen,
der dritte verlor 'ne Sandale,
der vierte beim Salto mortale.

Da blieb der fünfte Pokal
doch lieber gleich im Regal.

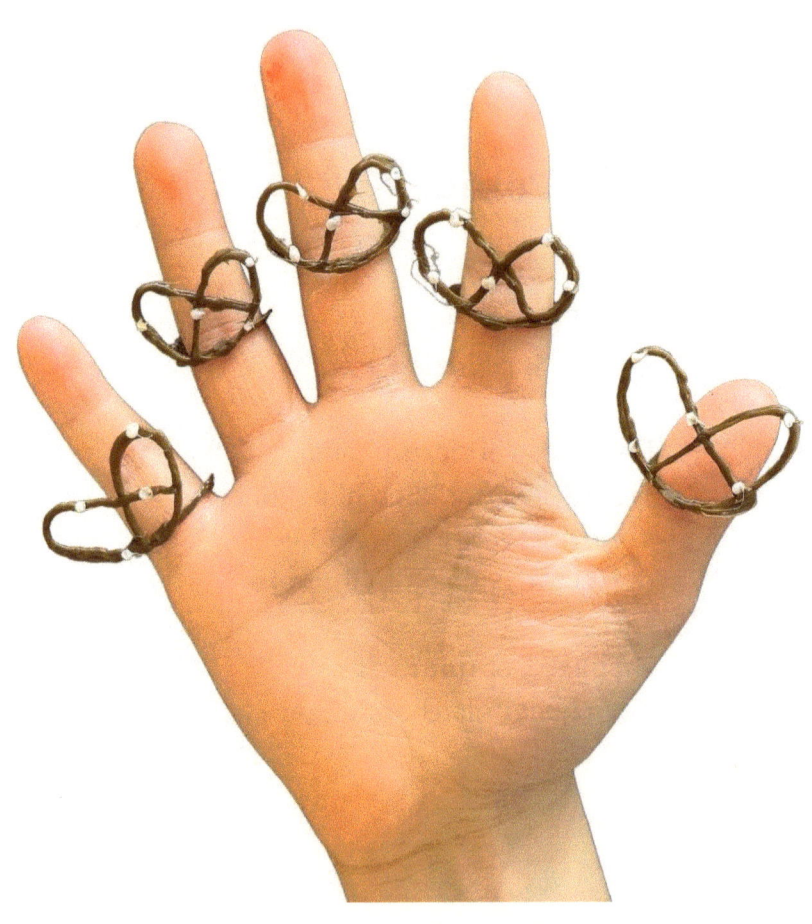

Fünf faule Brezen

Fünf faule Brezen
auf dem Sofa fleezen.

Die erste kringelt,
die zweite stingelt,
die dritte ringelt,
die vierte schlingelt.

Die fünfte verschimmelt.

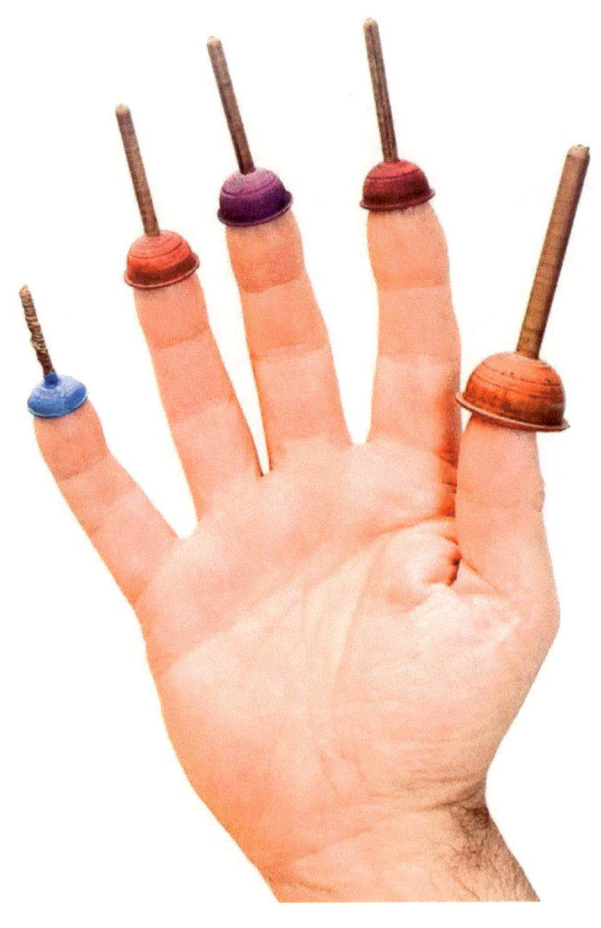

Fünf Klostampfer

Fünf Klostampfer
fuhren auf dem Dampfer.

Der erste ging von Bord
und wurde Lord,
der zweite wurde Stampfer
im Ampfer,
der dritte reiste sanitär
kreuz und quer,
der vierte schwamm im Tümpel.

Der fünfte, der hieß Pümpel.

Fünf Schleiereulen

Fünf Schleiereulen
wollen sich verknäulen.

Die erste wirft mit Fäule,
die zweite kippt die Säule,
die dritte sticht die Gäule,
die vierte haut mit Keule
die fünfte kriegt 'ne Beule.

Und am Ende heulen
– alle fünf Eulen.

Fünf Knäckebrote

Fünf Knäckebrote
fuhr'n nach Lanzarote.

Das erste cremte sich mit Butter ein,
fürs zweite musst' es Mascarpone sein,
das dritte empfand
nur Nussnugatcreme als angenehm,
das vierte kriegte Schmand.

Das fünfte Sonnenbrand.

Fünf Großmaulwelse

Fünf Großmaulwelse
verliebten sich in Else.

Der erste blubberte nur stolz,
der zweite plusterte die Barteln,
der dritte wollte schwadronieren,
der vierte imponieren.
Jedoch der fünfte Wels
zog mit ihr nach Wallenfels.

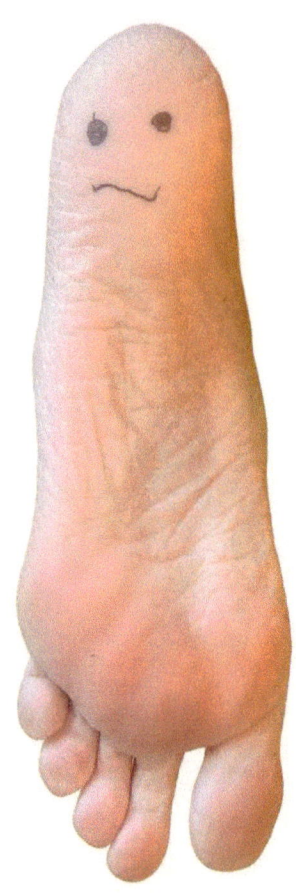

Fünf wilde Wölfi

Fünf wilde Wölfi
knipsten ein Selfie.

Der erste auf dem Bilde
war Wolfram der Wilde,
der zweite Wolferl vom Schilde,
der dritte Wolfhart der Milde,
der vierte der Wolfi vom Inn.

Der fünfte hieß – Jonathan-Finn.

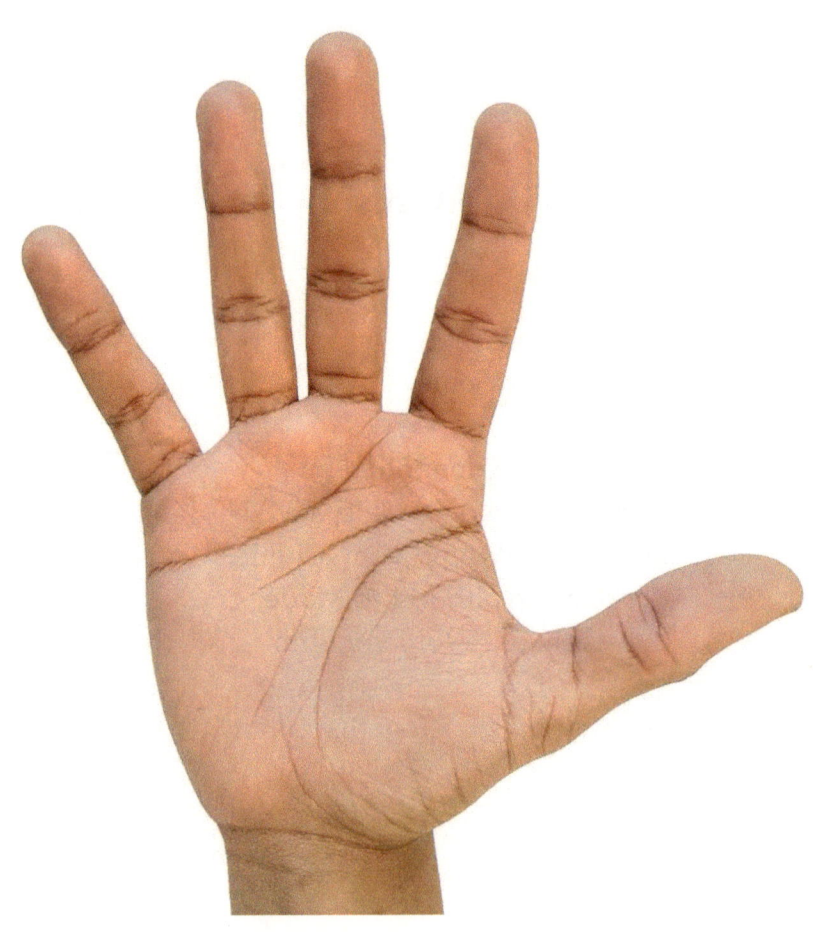

Fünf Kormorane

Fünf Kormorane
sprühen mit Sprühsahne.

Der erste auf den Kopfsalat,
der zweite auf den Rahmspinat,
der dritti sprüht sie auf Pommfritti,
der vierte auf Banane.
Der fünfte sprüht
 – Graffiti.

Ällabätsch...

Fünf Milliardäre

Fünf Milliardäre
gaben sich die Ehre.

Der erste verschenkte sein Geld,
der zweite die Wertpapiere,
der dritte gar seinen Grundbesitz,
der vierte seine Yacht.

War nur 'n Witz, sagte der fünfte.
Und alle ham gelacht.

Fünf Ohrenquallen

Fünf Ohrenquallen
wollen sich gefallen.

Die erste klebt sich Wimpern an,
die zweite wickelt sich Locken,
die dritte schlüpft in Firlefanz,
die vierte in goldgelbe Socken.

Die fünfte schwimmt –
im Meeresglanz.

Fünf wichtige Wichtel

Fünf wichtige Wichtel
wichteln aus dem Fichtel.

Der erste wichtelt Lichtel,
der zweite wichtelt Schichtel,
der dritte wichtelt Dichtel,
der vierte wichtelt Stichtel.
Und die kleine Winzel,
wichtelt große Blinzel.

Alle Wichtel wichteln,
sehen kannst du sie – nichteln.

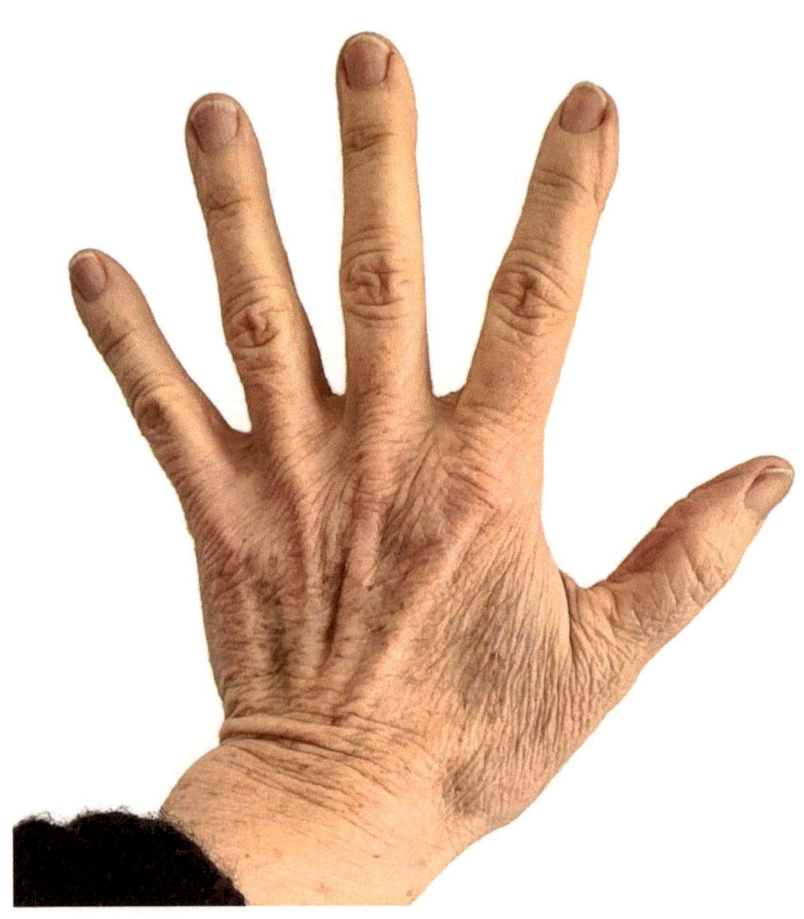

100

Fünf Chamäleons

Fünf Chamäleons
lieben alle Fruchtbonbons.

Das erste lutscht sich apfelgrün,
das zweite kirschenrot,
das dritte lutscht Zitrone,
das vierte nimmt Melone,
das fünfte fragt mit vollem Mund:
Wieso bin ich jetzt kunterbunt?

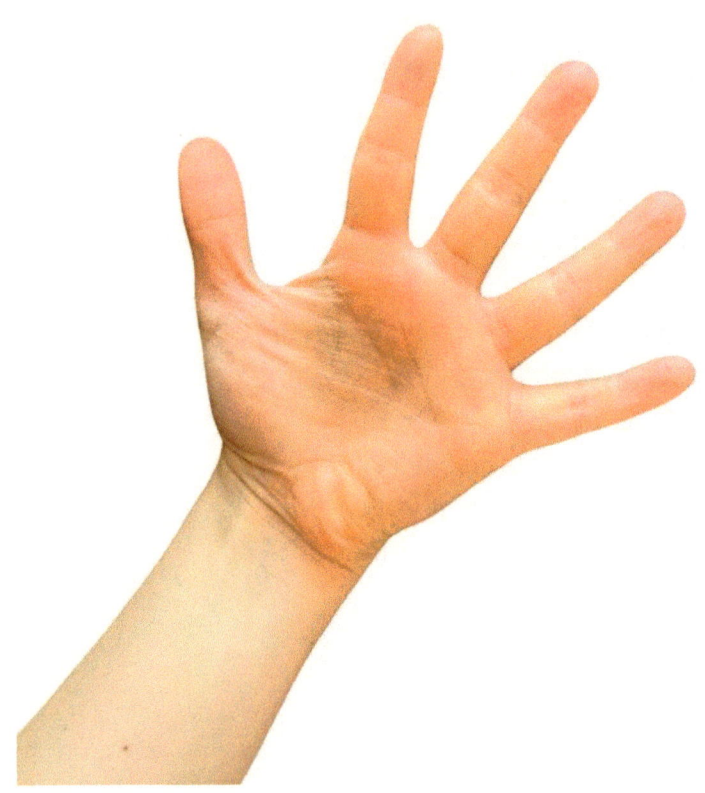

Fünf müde Lamas

Fünf müde Lamas
kaufen sich Pyjamas.

Das erste will Flanell,
das zweite nur Pastell,
das dritte will nur Bündchen,
das vierte den mit Hündchen.

Und der kleinste Hampler
kriegt den Strampler.

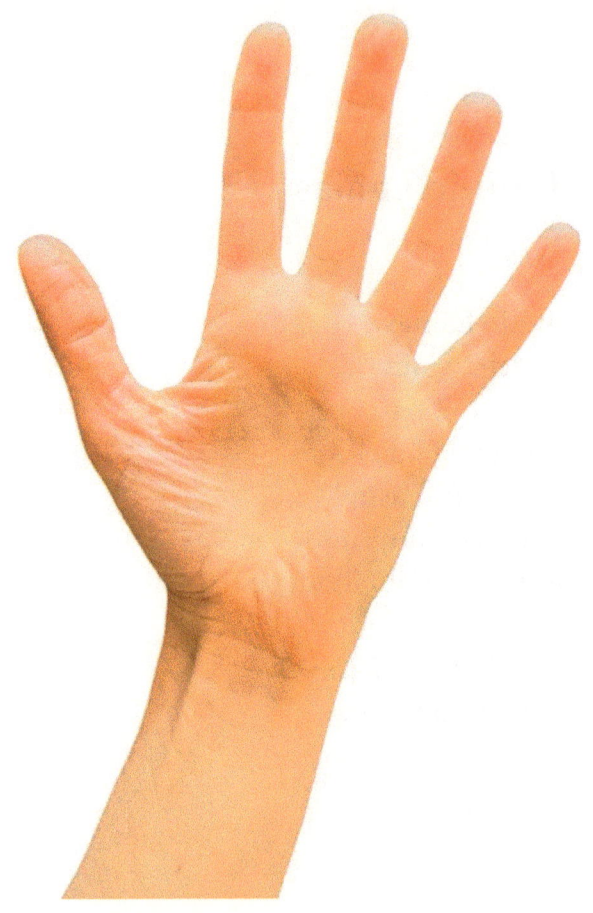

Fünf Silvesterraketen

Fünf Silvesterraketen
fangen an zu beten.

Die erste will nicht explodieren,
die zweite will zu ihrer Schwester,
die dritte will sich nicht verlieren,
die vierte hasst Silvester.
Die fünfte aber spuckt
auf die Zündschnur, die schon juckt.

Fünf Ungeheuer

Fünf Ungeheuer
saßen um das Feuer.

Das erste hatte Schlangenhaar,
das zweite gar ein Giftzahnpaar,
das dritte einen Drachenrachen,
das vierte ein tödliches Lachen.

Das fünfte Ungeheuer
war ein Pfefferstreuer.

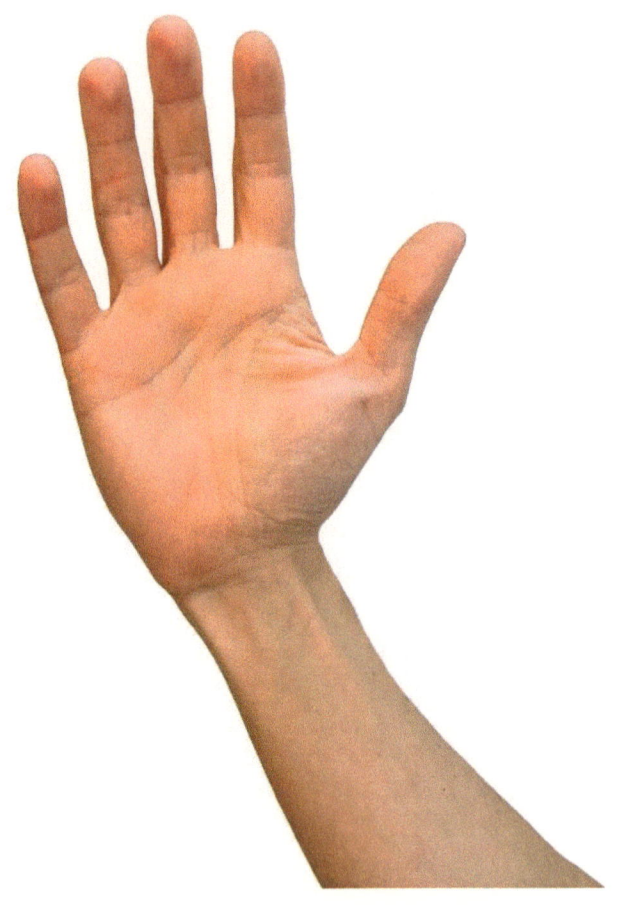

Fünf Kohlmeisen

Fünf Kohlmeisen
schmiedeten das Eisen.

Die erste schmiedete ein Gitter,
die zweite eine große Zwinge,
die dritte Hemden für Ritter,
die vierte eine Eisenklinge,
die fünfte – Meisenringe.

Fünf Luftschlangen

Fünf Luftschlangen
hüpften und sprangen.

Die erste nölte und grölte,
die zweite schrie und spie,
die dritte heischte und kreischte,
die vierte piepte und fiepte,
die fünfte quäkte und quiekte.
Alle wirbelten mit viel Geschrei
– dann war die Party vorbei.

Fünf Spaghetti

Fünf Spaghetti
werfen mit Konfetti.

Die erste wirft mit Parmesan,
die zweite hält Gouda für gelber,
die dritte wirft mit Marzipan,
die vierte wirft den Hefezopf,
die fünfte wirft sich selber
in den Nudeltopf.

Fünf scheckige Kühe

Fünf scheckige Kühe
büxten aus in der Frühe.

Die erste ging zu Fuß,
die zweite fuhr mi'm Traktor vor,
die dritte nahm den Bus,
die vierte sang im Kirchenchor.
Die fünfte sprang vom Liegestuhl
direkt in den Swimmingpool.

Fünf Hupfhaxln

Fünf Hupfhaxeln
kraxeln und hupfhaxeln.

Das erste haxelt auf'm Kanapee,
das zweite hupft am Diwan,
das dritte hupft mit der Katz in d'Höh,
das vierte mit die Katzenflöh.
Das fünfte Hupfhaxl
hupfgalaxelt im Traum
im interhupfhaxischen Weltenraum.

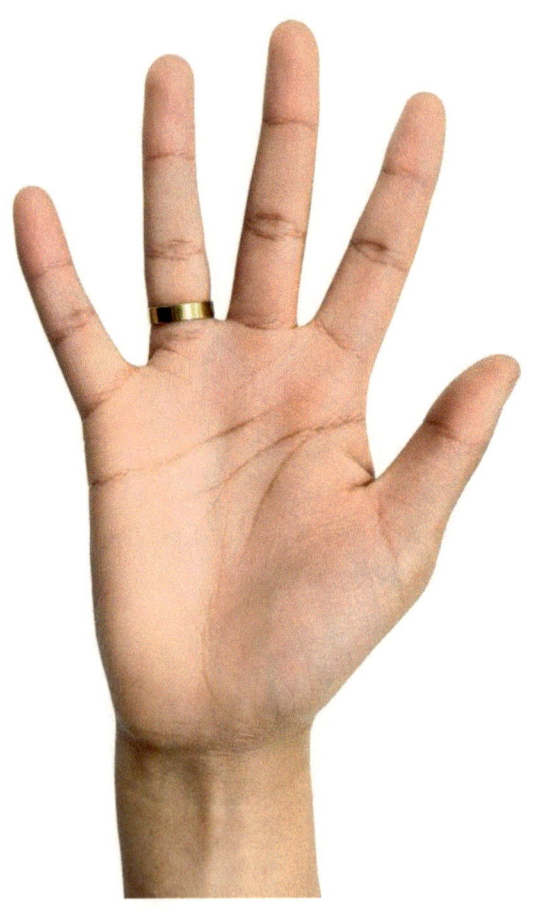

Fünf Wiegenlieder

Fünf Wiegenlieder
wiegten sich hin und wieder.

Das erste summte,
das zweite brummte,
das dritte sang auf seine Weise,
das vierte tirilierte leise.

Dann haben alle 'pscht' gemacht
und das fünfte sagt: Gut Nacht!

Fünf Schneemänner

Fünf Schneemänner
rollen übern Brenner.

Der erste verliert seine Kohlen,
der zweite die Karottennase,
der dritte gänzlich seine Fassung,
der vierte seinen Chapeau Claque,
der fünfte schmilzt final
hinab ins Eisacktal.

Fünf alte Säcke

Fünf alte Säcke
hockten in der Ecke.

Der erste war ein Angeber,
der zweite roch nach Camembert,
der dritte war sehr ordinär,
der vierte war millionenschwer,
der fünfte, der war leer.

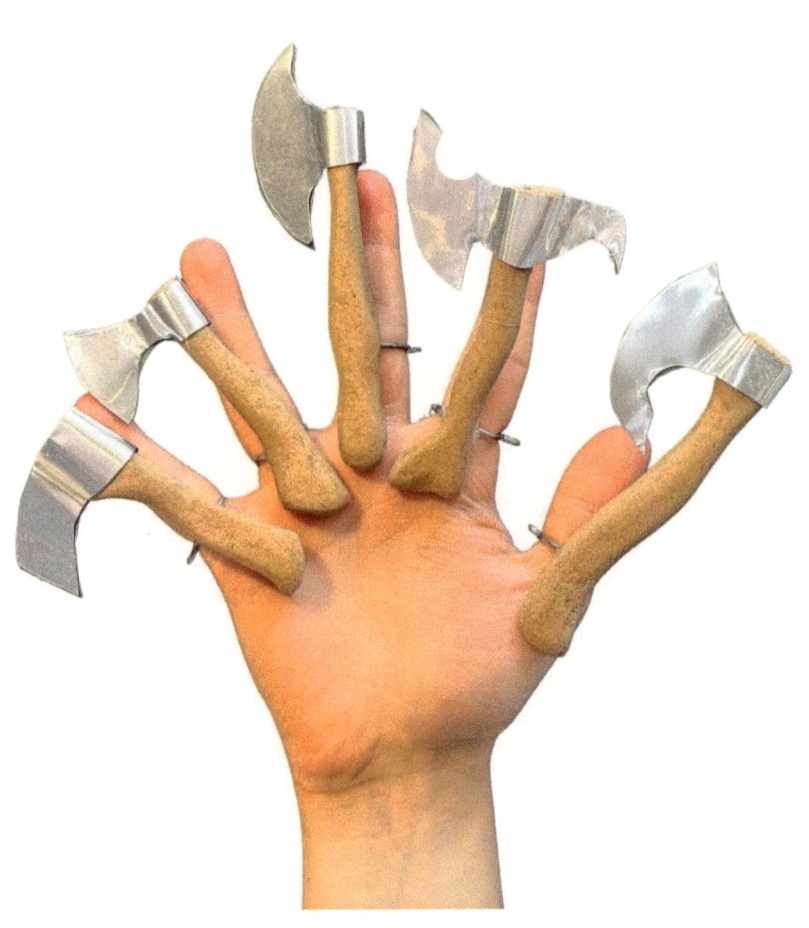

Fünf schwere Äxte

Fünf schwere Äxte
lasen gerne Texte.

Die erste las das Lexikon,
die zweite eine Fibel,
die dritte las den Robinson,
die vierte in der Bibel.
Aber die fünfte Axt
liest alles, was du sagst.

Fünf Zahnbürsten

Fünf Zahnbürsten
waren am verdürsten.

Die erste wollte heiße Schokolade,
die zweite Bier mit Würsten,
die dritte wollte Limonade,
die vierte Baumsaft aus Alaska,
die fünfte liebte Pasta.

Fünf Walküren

Fünf Walküren
wollen Wale verführen.

Die erste küsst den Buckelwal,
die zweite macht den Orca flott,
die dritte 'nen Blauwal in Walhall,
die vierte liebt den Pott.
Die fünfte aber wählt statt aller Wale
lieber einen Waller aus der Saale.

Fünf Walnüsse

Fünf Walnüsse
streiten über Küsse.

Die erste will nur Handkuss,
die zweite nur ein Wangenbussi,
die dritte nur ein Nasenkussi,
die vierte will nur Schokokuss,
die fünfte einen Luftikus.

Fünf wilde Ochsen

Fünf wilde Ochsen
wollten nix wie boxen.

Der erste schlug aufs Kinn,
der zweite in den Magen,
der dritte überall hin,
der vierte ohne Pardong,
der fünfte schlug
 – den Gong.

Fünf feine Hemden

Fünf feine Hemden
fuhr'n im Zug nach Emden.

Das erste flatterte,
das zweite knatterte,
das dritte knitterte,
das vierte verschliss dabei,
das fünfte, das war bügelfrei.

Fünf Prinzessinnen

Fünf Prinzessinnen, die waren ach so lieb
– im Prinzip.

Die erste bockte,
die zweite zockte,
die dritte rockte,
die vierte schockte,
die fünfte stahl ein Nudelsieb.

Fünf kohlrabenschwarze Raben

Fünf kohlrabenschwarze Raben
verteilten ihre Gaben.

Der erste gab ein Krächzen,
der zweite schwarzen Glanz,
der dritte einen Flügeltanz,
der vierte verzauberte im Flug,
während der fünfte eine Schokoladentorte buk.

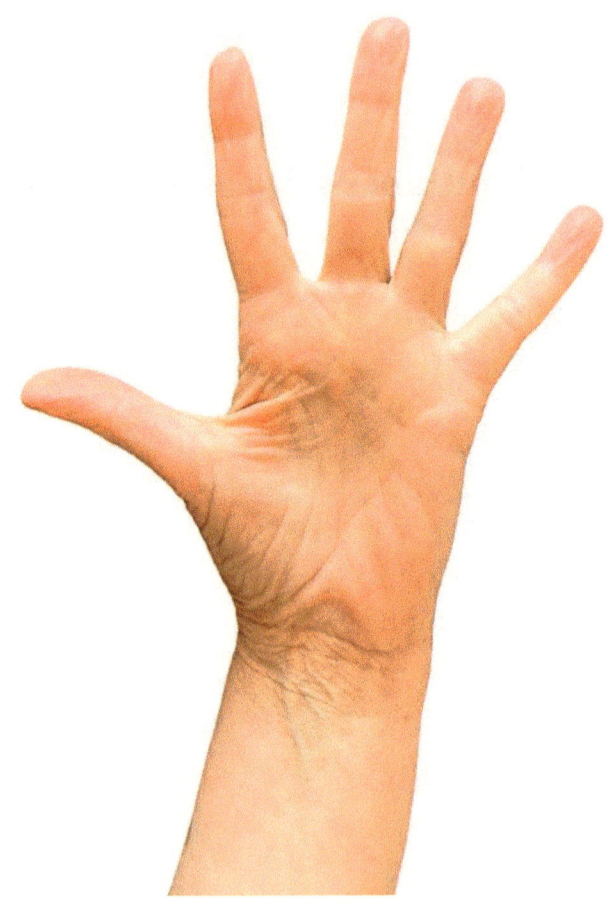

Fünf spitze Pfeile

Fünf spitze Pfeile
waren sehr in Eile.

Der erste flitzte,
der zweite sirrte,
der dritte schwirrte,
der vierte ist ins All geflogen,
der fünfte aber blieb bei seinem Bogen.

Fünf große Herzen

Fünf große Herzen
hatten Herzensschmerzen.

Das erste hatte Liebeskummer,
das zweite Herzeleid,
das dritte litt an Seelenpein,
das vierte war im Streit entzweit.

Das fünfte schlug für sich allein.

Fünf flotte Käfer

Fünf flotte Käfer
suchten einen Schäfer.

Der erste flog zum Schäfertreff,
der zweite auf den Käferchef,
der dritte kroch um die ganze Erde,
der vierte nur bis Siebenschläfer.
Der fünfte aber wurde selbst zum Schäfer
– und sucht jetzt eine Herde.

Fünf Schlangen

Fünf Schlangen
sangen.

Die erste viperierte hypnotisch,
die zweite zischte pneumatisch,
die dritte klapperte dramatisch,
die vierte trompetete wie Rüssel,
die fünfte war der Notenschlüssel.

Fünf Verwalter

Fünf Verwalter,
sitzen hinterm Schalter.

Der erste archiviert die Einfalt,
der zweite datiert den Zwiespalt,
der dritte sticht Nadeln in Falter,
der vierte füllt den Füllfederhalter.
Der fünfte ist im Rentenalter.

Fünf schlaue Chatbots

Fünf schlaue Chatbots
chatteten a lots.

Der erste chattete mit Rang und Namen,
der zweite für PR-Maßnahmen,
der dritte schäumte vor Spott,
der vierte hielt sich für Gott.
Der fünfte Bot aber träumte
von einem anderen Bot.

Fünf alte Ahnen

Fünf alte Ahnen
schwenkten ihre Fahnen.

Der erste schwenkte lahm mit Gram,
der zweite ließ Häuser erbauen,
der dritte beschenkte mit Urvertrauen.
Der vierte liegt vergessen im Loch,
Der fünfte jedoch –
lebt noch.

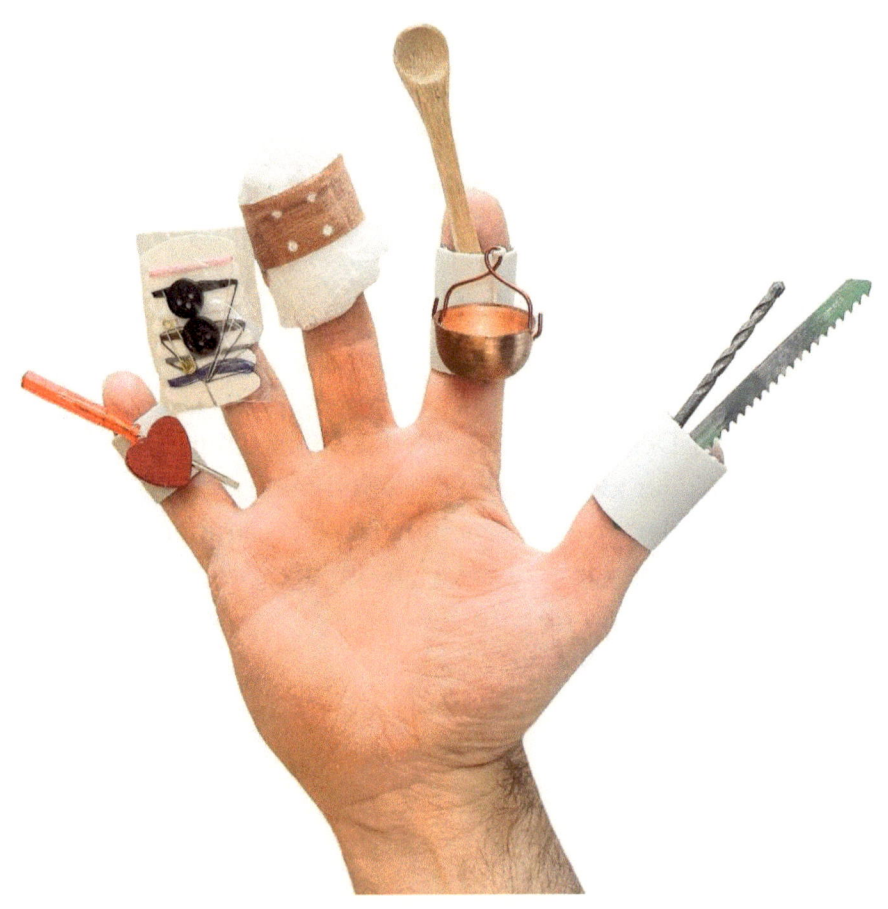

154

Fünf Handwerker

Fünf Handwerker
werkten wie Berserker.

Der erste bohrte und schnitt,
der zweite schmorte und briet,
der dritte, der war krankgeschrieben,
der vierte kreierte und plissierte,
der fünfte schraubte und glaubte:
Kunst kommt von Lieben.

156

Fünf Fingerringe

Fünf Fingerringe
sind sehr schöne Dinge.

Der erste sagt: Ick liebe dir!
Der zweite ist ein Souvenir
zum Leiden,
der dritte sagt: Adieu und ahoi,
der vierte lässt sich scheiden.
Der fünfte bleibt dir ewig treu.

Fünf Kalauer

Fünf Kalauer
waren Holledauer.

Der erste hopfte fein,
der zweite malzte alles ein,
der dritte maischte obendrein,
der vierte schäumte von allein,
der fünfte wollte Winzer sein.

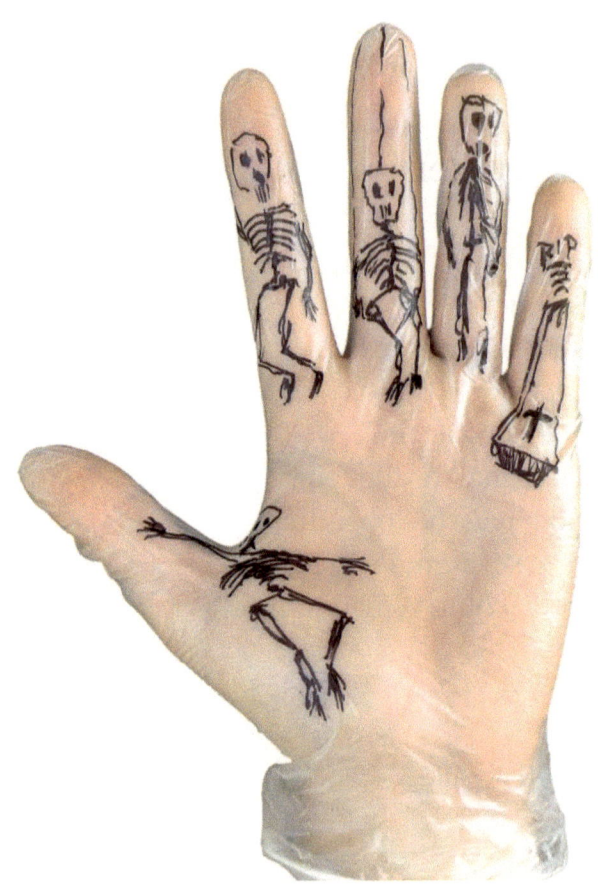

160

Fünf Skelette

Fünf Skelette
tanzten um die Wette.

Das erste drehte kokett
eine Pirouett',
das zweite tanzte komplett
eine Operett',
das dritte nur mit brünetten
Marionetten,
das vierte scheute auf dem Parkett,
keine Strapaze
nur das fünfte ... requiescat in pace.

Inhalt

DANK

Für Rat und Tat,
Herz und Hand und Fingerzeig
danke ich

Elias,
Martin, Emilia, Nasra, Anna, Christoph,
Johanna, Korbinian, Clara, Lydia, Birgit und Uli,
Fips, Hans, Ruth, Uli, Nora, Emil, Hanna, Jonna,
Rebecca, Samuel, Matthias
und Barbara.

Thomas Schmid ist 1960 in Landshut geboren. Als Kind wollte er entweder Stuntman oder Schriftsteller werden und ist heute als freier Autor tätig. Seine Bücher sind mal frech und komisch wie *DER SIMON UND SEIN BAZI,* mal spannend und bewegend wie *SANDRA SANDKIND,* mal einfühlsam und authentisch wie *BLÖDE MÜTZE!* und mal gereimt und ungereimt poetisch wie seine *SCHNECKENHAUSMÄRCHEN.* Aus seiner Feder stammt auch die erfolgreiche Buchreihe *DIE WILDEN KÜKEN.* Außer Büchern, vor allem für Kinder und Jugendliche, schreibt er Radiogeschichten. Mit *DIE WILDEN HÜHNER UND DAS LEBEN* machte er sich auch als Drehbuchautor für Kinofilme einen Namen. Für das Drehbuch *WINTERTOCHTER* wurde er mit dem 'Goldenen Spatz' und dem 'Kindertiger' ausgezeichnet. Der ARD-Fernsehfilm *WIR FÜR IMMER* feierte auf dem Münchner Filmfest 2024 seine Premiere.

www.thomas-schmid-autor.de

Thomas Schmid

SCHNECKENHAUSMÄRCHEN
Turm und Quendel

Illustrationen von Rebecca Schmid

SCHNECKENHAUSMÄRCHEN
Turm und Quendel

Ist das möglich, ein Gedicht- und Versebuch, das Kinder und Erwachsene - lesend und einander vorlesend - zusammenbringt? Märchen gelingt das. "Schneckenhausmärchen", das sind Gedichte für Menschen jeden Alters. Witziges, Nachdenkliches und Rätselhaftes. Lyrische Räume, die Sandkasten, Wohnung und Altenheim in eins setzen können, imaginäre Mehrgenerationenhäuser mit offener Tür.

Ein Familienbuch, das es allen - von der Enkelin bis zum Urgroßvater - ermöglicht, sich in einem poetischen Haus zu begegnen, um dann erneut die Fühler auszustrecken, hinaus in unsere ungereimte Welt.

Paperback, 156 Seiten, ISBN: 9783756208388

FÜNFE KOMMEN DURCH DIE HALBE WELT
ist eine Schneckenhausmärchenproduktion

FÜNFE KOMMEN DURCH DIE HALBE WELT
gibt es auch als Videos.

Weitere Infos unter:
www.thomas-schmid-autor.de